演芸場で会いましょう
本日の高座その弐
橘蓮二
講談社

演芸場で会いましょう

本日の高座　その弐

まえがき

橘蓮二は以前から、ジャンルとして存在しない〝演芸写真家〟とみずから称している。技術もセンスもはるか上をゆく写真家が数多いることを百も承知のうえで、なぜわざわざ演芸に特化した写真家とあえて名乗るのか。それは二十八年前、写真の世界から消えていなくなるはずであった未熟な写真家が演芸に出会い救われたことを忘れないためと、生涯を終えるその日まで芸人さんの魅力を、写真を通じてひとりでも多くのお客さまに伝えることが演芸写真家の存在理由であると思うからだ。

初めて鈴本演芸場の楽屋に入った日、動くこともままならぬほど緊張した中で、視線の向こうにあった重鎮だけが座ることを許されている座卓の前で静かに根多帳を捲っていた五代目柳家小さん師匠の姿が今でも鮮烈に印象に残っている。あの日以来数えきれないほど多くの芸人さんをカメラに収めてきたが、撮影を重ねるたびに頭を過るのは、永遠に理解することはかなわないプレーヤー感覚をいかに形にするかということであった。もちろん演者さんの気持ちをたやすく捉えられると錯覚するほど傲慢ではないが、たとえ明瞭でなくとも輪郭を描く唯一の手立ては、ワンショットに愛情と尊敬を込めながらシャッターを押しつづけることなのだと思っている。

この本は二〇一八年に出版した前作『本日の高座――演芸写真家が見つめる現在と未来』の続編にあたる。その後の五年間は、演芸界もその大半を世界中が翻弄された新型コロナウィルスの波に呑み込まれ、公演中止が相次ぐ苦しみの日々が続いた。さらに柳家小三治師匠、川柳川柳師匠、三遊亭圓丈師匠、三遊亭円楽師匠といった、一時代を築き、多くの落語ファンを魅了し愛された師匠方が次々とこの世を去り、寂しさはいっそう募っていった。

未経験のウィルスによる厄災は言いようのない残酷さをともなっていた。本来、心を寄せる者同士なら少しでも近くにいたいと願うのが当然だが、行動制限下においては相手のことを想えばより遠ざかるほかに術はなかった。

ひるがえって現在、まだまだ十全とは言えないが昨年あたりから少しずつ以前の賑わいを取り戻しつつあるように感じている。演芸は過去、どんな過酷な状況にあっても創意工夫と行動力でけっして沈むことなく時代の荒波を乗りきってきた。

また大好きな芸人さんに会える、そして同じ空間で笑い合うことができる。

今日も明日も演芸場で会いましょう。

演芸場で会いましょう
本日の高座 その弐

〈目次〉

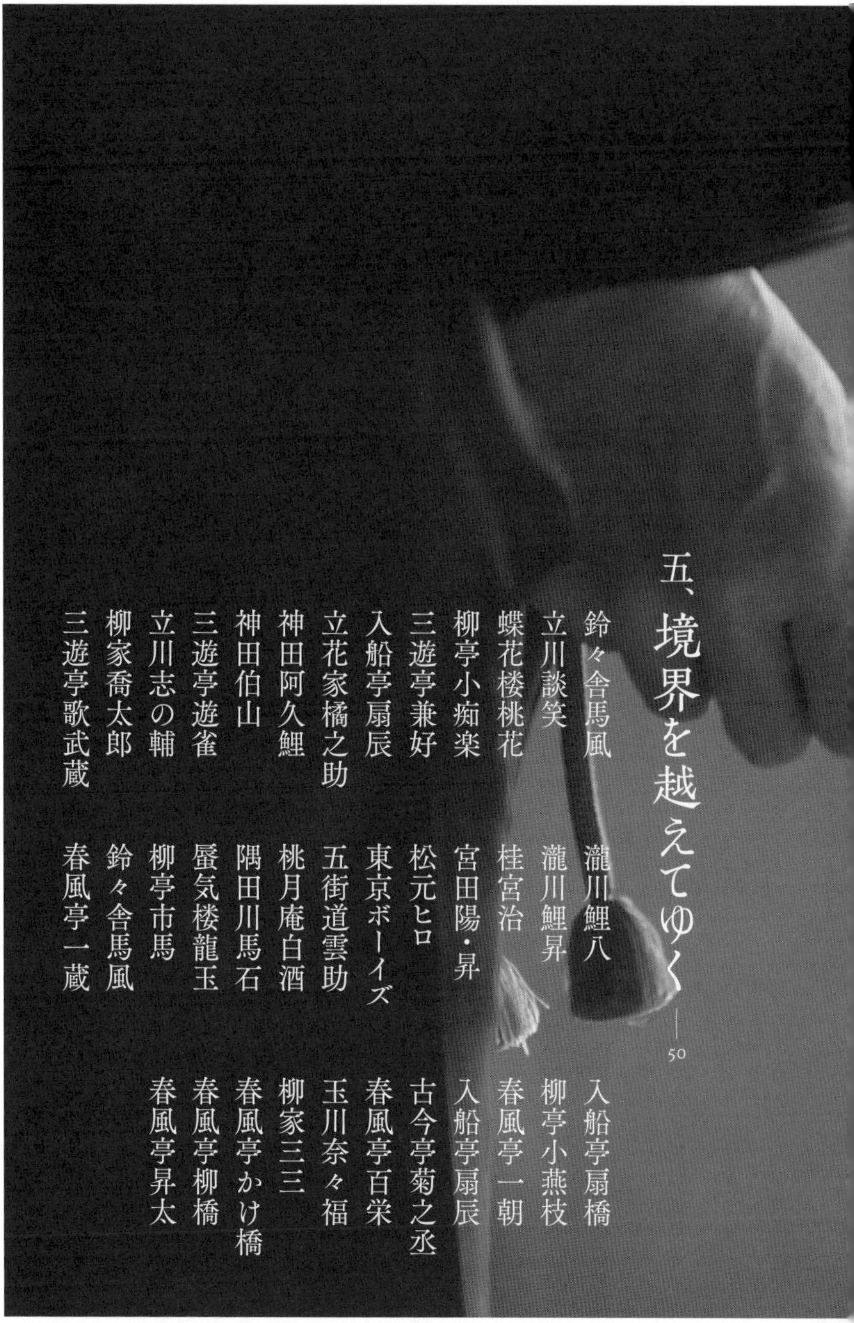

六、美しい傷痕

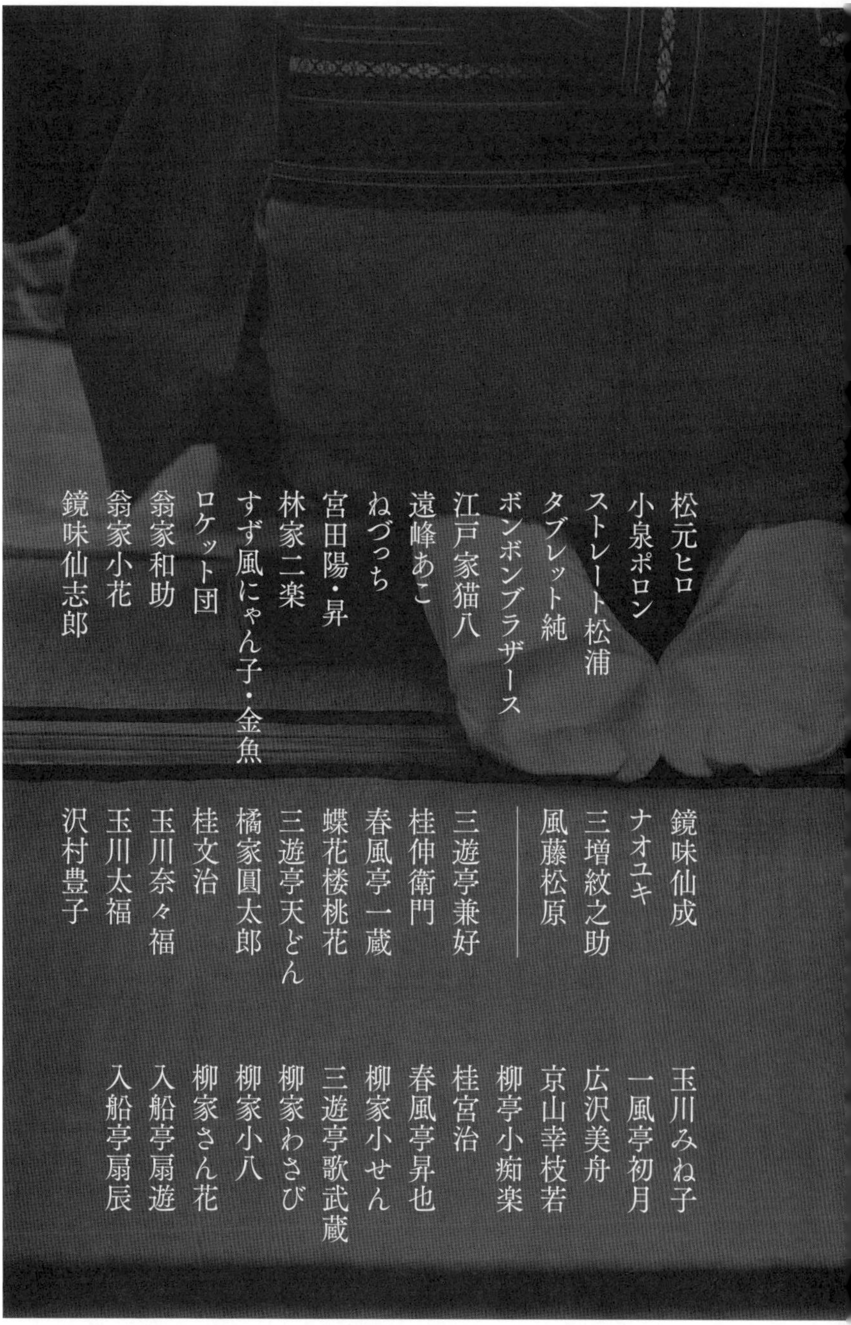

松元ヒロ
小泉ポロン
ストレート松浦
タブレット純
ボンボンブラザース
江戸家猫八
遠峰あこ
ねづっち
宮田陽・昇
林家二楽
すず風にゃん子・金魚
ロケット団
翁家和助
翁家小花
鏡味仙志郎

鏡味仙成
ナオユキ
三増紋之助
風藤松原

三遊亭兼好
桂伸衛門
春風亭一蔵
蝶花楼桃花
三遊亭天どん
橘家圓太郎
桂文治
玉川奈々福
玉川太福
沢村豊子

玉川みね子
一風亭初月
広沢美舟
京山幸枝若
柳亭小痴楽
桂宮治
春風亭昇也
柳家小せん
三遊亭歌武蔵
柳家わさび
柳家小八
柳家さん花
入船亭扇遊
入船亭扇辰

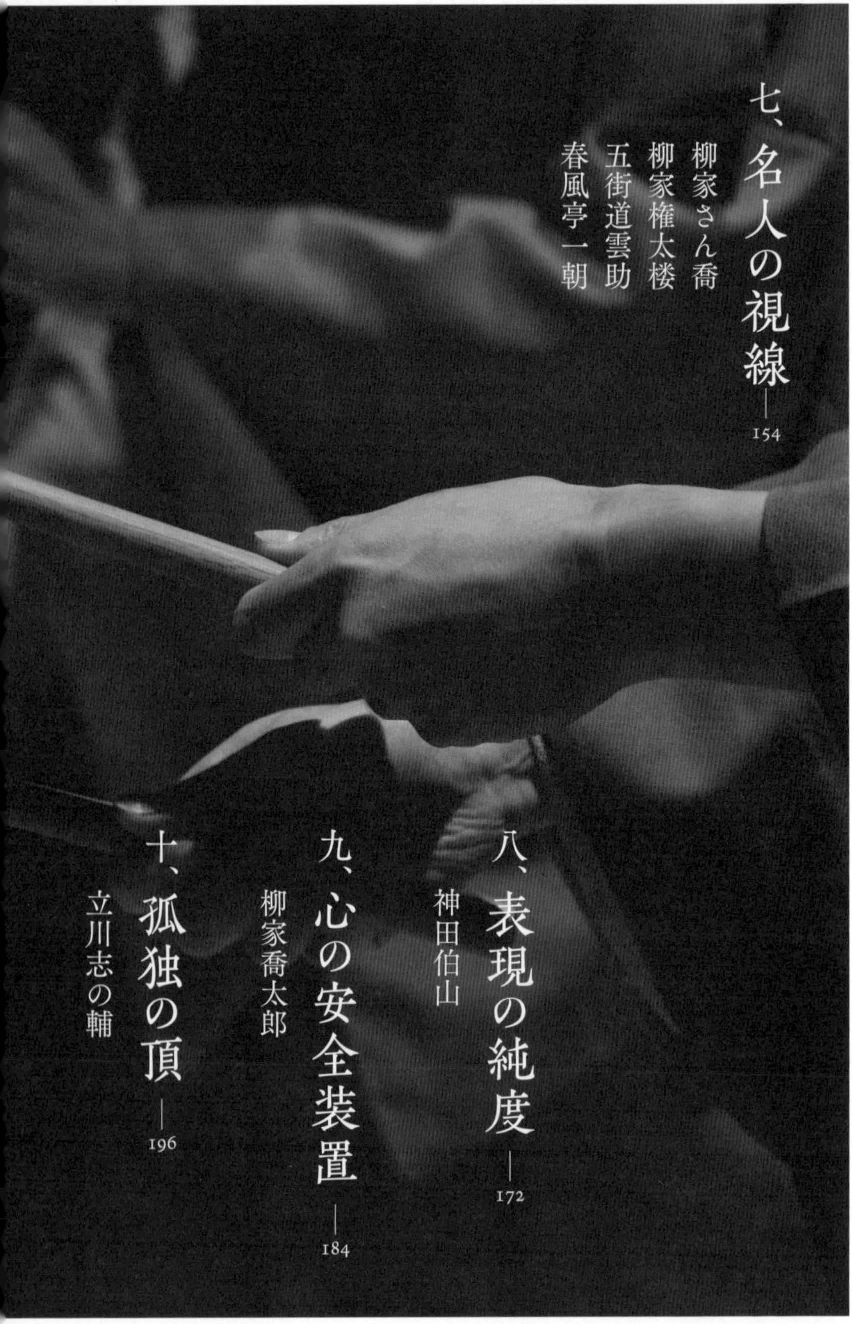

春風亭朝枝
立川吉笑
昔昔亭昇
笑福亭茶光
橘家文吾
春風亭㐂いち
入船亭遊京
柳亭市寿
三遊亭仁馬
春風亭弁橋
神田桜子
春風亭昇りん
春雨や晴太
春風亭昇咲

三遊亭花金
柳家小はぜ
三遊亭兼太郎
柳亭市童
柳家あお馬
古今亭佑輔
柳家吉緑
柳家小もん
柳家花ごめ
桃月庵黒酒
春風亭だいえい
柳家小ふね
入船亭扇太
三遊亭わん丈

柳亭信楽
国本はる乃
田辺いちか
京山幸乃
柳家小はだ
桂源太
三遊亭ごはんつぶ
三遊亭好二郎
春風亭与いち
月亭秀都
古今亭菊正
三遊亭ぐんま
古今亭雛菊
立川談洲

林家きよ彦
桂華紋
林家つる子
林家あんこ
春風亭かけ橋
三遊亭遊七
春風亭昇輔
三遊亭吉馬
古今亭志ん松
桂九ノ一
立川笑二
林家八楽
養老瀧之丞
天中軒すみれ

桂小すみ
京山幸太
一龍斎貞鏡
神田松麻呂
春風亭一花

柳亭左ん坊
鈴々舎美馬
桂空治
柳家ひろ馬
桂二豆
柳亭市助
入船亭扇ぱい
柳亭市遼
桂伸ぴん
三遊亭まんと
柳家小じか
瀧川はち水鯉

一、共鳴する落語

桂二葉

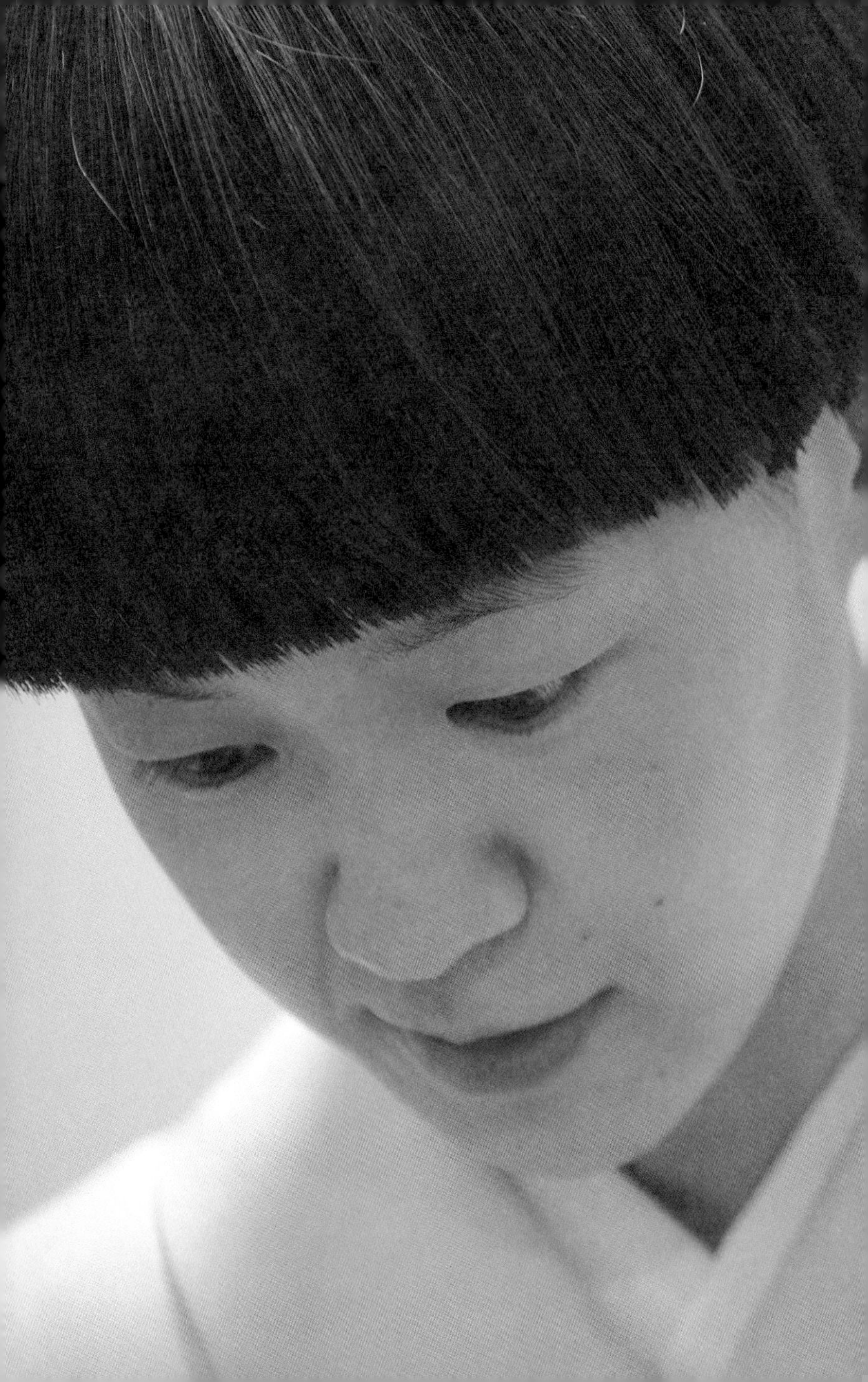

一

初めて撮影にうかがった昨年二月、いきなり楽屋の鏡に向かいおかっぱの前髪を切りはじめた瞬間に直感した。それまで耳にしていた評判をはるかに凌駕（りょうが）する存在感をもった桂二葉という落語家は、演芸ファンがこれまで体感したことがない新たな落語世界に連れていってくれる人だと。

楽屋や袖、高座に至る空間を余すことなく〝二葉ワールド〟ともいうべき強力な磁場に変容させてしまう圧倒的な表現力と、観る者を虜（とりこ）にする新鮮な不思議さを湛（たた）えた煌（きら）めく透明感は類い稀だ。他者への繊細かつ深い洞察と、注目される高座であるほど目を瞠（みは）るパフォーマンスを見せる無類の勝負強さは、第一線の落語家に駆け上がるために必要な条件を十二分に兼ね備えている。

落語は思いきり〝アホ〟を演じられることが愉しいと語る二葉さ

ん扮する〝アホ〟は、なかなかの賢者でありヒーローだ。平板ではない、複雑に感情が絡み合う現実を生きる中で息苦しさを感じたとき、落語の世界で心のままに逸脱しながら躍動する〝アホ〟の存在に気持ちは救われる。権威に阿らず、どんなときにも自由な心を葬らずに生きる二葉さん演じる〝アホ〟の軽やかさには、性別も東西落語の地域性も超えて共鳴する落語本来の喜びがあふれている。

二葉さんは、よくコメントの最後に〝うれしいです〟と言って締め括るがとんでもない。

落語ファンや演芸写真家のほうこそ、二葉さんに出逢えて〝うれしいです〟。

二、記憶の隠し味

春風亭一之輔

二

一之輔師匠の落語を聴くと、ふだんは忘れている子ども時代の幸せな想い出がぽっと咲くように顔を出す。それは学校から帰っておやつを食べながらドラマの再放送を観ていたときの幸福感に似ている。いま考えればまったく根拠のない絶対的な安心感とでも言えばいいのか、あのころはいつでも家族や友だちの気配を感じながら、同じように明日も必ずやってくると信じていた優しい日々。

言葉遣いは色使いと同じ。一之輔師匠の優しい色合いは繊細さと情が潜んでいるからちょっぴり過激な発言も尖っているようでいて角が取れている。そして柔らかな知性とユーモアをまぶした言葉のカットイン、カットバックで噺のディテールや人物描写を最大限に引き出し、頭に浮かぶ映像と言語を最短距離で接続させることができる。

説明と表現は違う。たとえば食べ物の名エッセイは食材の分量や調理法を書き連ねているのではなく記憶や経験を通して物語っている。さりげない共感を言葉にできるからこそ言葉とイメージが絶妙なバランスを取りながらエンターテインメントに昇華される。

その落語世界に身を委ねると時代設定にかかわらず、記憶の中に存在する風景や味覚が甦ることがある。その瞬間、気持ちに揚力がはたらき、心がほどけていく。落語の登場人物の姿に、なんでもないことで笑い合う、あたりまえでかけがえのない毎日の大切さを知る。

春風亭一之輔師匠の高座が優しさに満たされているのは、幸せな記憶が隠し味になっているから。

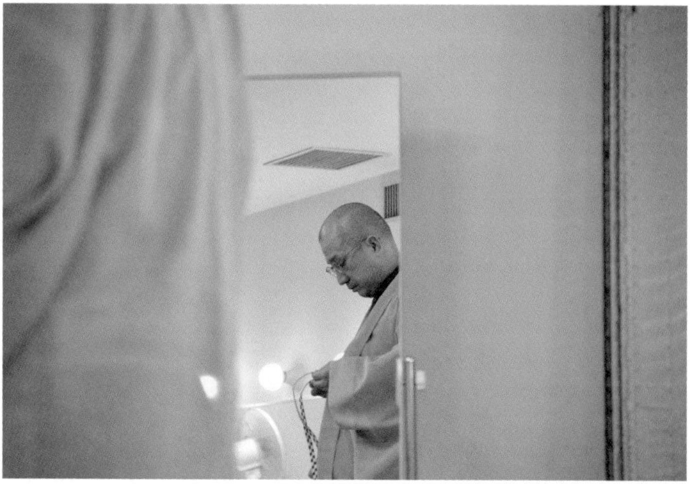

三、心で感じとる噺家

柳家三三

三

開演前、静かに凪いでいる楽屋には計測することができない〝時間〟が流れている。柳家三三師匠はその流れの中に埋蔵されている物語の情景に耳を澄まし目を凝らす。言葉では掬い取れない微細な感情を読み込み、抽出した言葉で紡いだ落語世界は、日常とフィクションの合間に絶妙な均衡を保ちながら、そっと空間に溶け出していく。

表現は情報量が多ければ多いほど伝わりづらくなる。語り芸である落語においても同様、言葉数は足すのではなく引くことで際立つ。何を言うかではない、いかに言わないかが重要なのである。自身の落語についてはいっさい語らない。ただひたすらに描写を重ね登場人物の想いに寄り添っていく表現力は人間を鮮やかに浮き彫りにする。

以前、三三師匠が言っていた「演じているというより高座と客席の間にある薄い幕の向こうに見える情景を喋っているだけ」という言葉が今も強く印象に残っている。

ふだんあたりまえだと思っている現実は真実ではないことがある。たとえば今、自分たちが見ているものは目で見ているのではなく脳に映し出されているものであって、実際は蓄積された記憶が補整した映像を見ているに過ぎない。自分が知っていることがすべてではない。人生は認識されない多くの想像の上に成り立ち、人は知らぬうちに信じたいことを信じ、見たいと思うものだけを見ている。ひるがえって一流の噺家は実体がない風景から登場人物の心象に至るまで、存在感をもって目の前にリアルに再現させることができる。

柳家三三師匠の高座が深く心の奥に響くのは、言葉の感触を確かめながら、生きることを頭ではなく心で感じとることができるからだ。

出囃子（でばやし）が鳴る、美しいお辞儀から三三師匠が一声発する。ほら、落語に出てくるあの人がもう現れた。

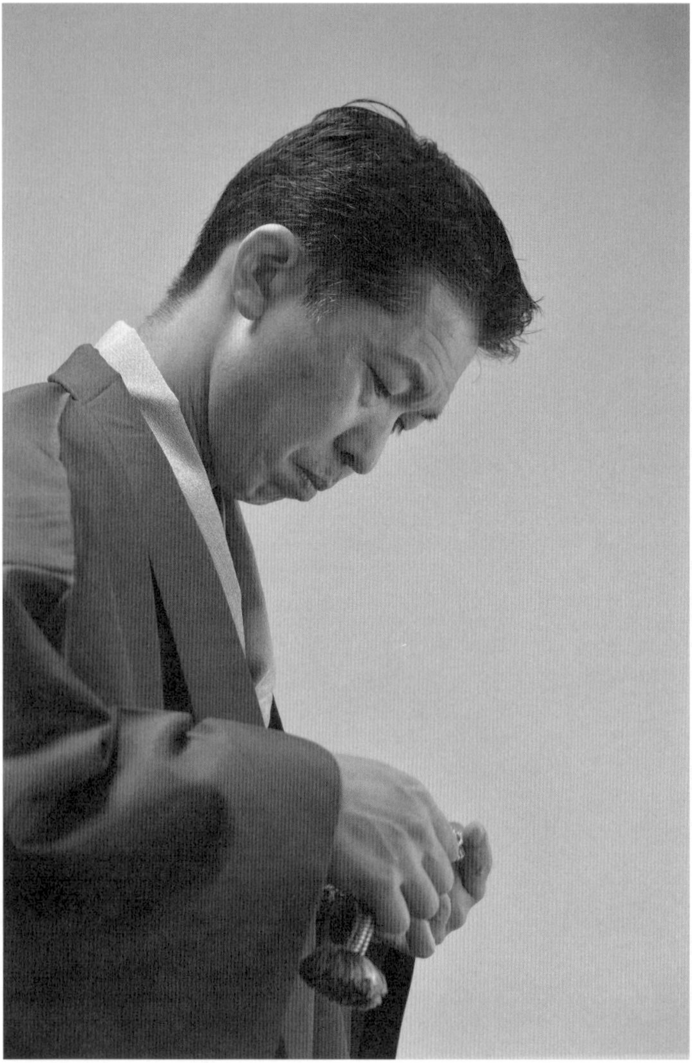

四、心に風を通す人

春風亭昇太

四

自分が思う落語界における武闘派ナンバーワンは、昔も今も変わらず春風亭昇太師匠である。

若き日、この人ほど根拠なき批評に晒(さら)されながらも内なるファイティングポーズを取り続けてきた人を知らない。たとえ圧倒的な高座で喝采を受けたとしても飄々(ひょうひょう)としている。〝そうは言っても新作だから〟〝まだ評価するのは早い〟などという、自分の立ち位置を勘違いした一部の観客や評論家の薄っぺらいが尖(とが)った発言にどれほど傷ついても、声高に反論することなくひた向きに落語に向かっていった。

表面しか見ず悪意を娯楽にする者には理解できないが、昇太師匠のどんな激しい動きにも正中線が崩れない高座姿勢と、台詞(せりふ)から台詞への流れを生み出すリズム感には、他の名だたる演者も認める高い技術に裏づけされた表現力がある。

言うまでもないが身体の作りも心の形も人によって違う。何が向いていて何が向いていないのか、何ができて何ができないのか。〝落語家春風亭昇太の世界〟を、もっとも客観的に分析できるのも師匠自身なのである。新作を作ることに対しても、

「昔からある噺をやらせてもらって生きているのだから、ひとつでも噺を残すことは落語への恩返し」

と謙虚に語る。

落語の登場人物は常に何かに翻弄されている。右往左往する人間の話ほど面白いものはないが、昇太師匠は落語に登場する人びとをけっして〝笑いもの〟にしない。そこには他者へ向けた労(いたわ)るような温かい眼差しと、弱者をあげつらう卑劣さを認めない強い意志を感じる。強さとは肩で風を切ることではなく頑(かたく)なな心に風を通すことだ。

「落語って本来楽しいものだから」

その笑顔は強くて優しい。

五、境界を越えてゆく

鈴々舎馬風

五

楽屋は、本番へ向け緩(ゆる)やかに助走をつけていくための重要な空間であり時間である。

楽屋入りして間もなくは、気の置けない仲間と和(なご)やかに談笑したり、お茶を飲んで一息ついたりと思い思いにリラックスした姿で過ごす。とはいえ常にうっすらとどこかで気を張っている様子がうかがえる。そこから出番まで徐々にテンションを上げていくのだが、出番が近づくにつれ言葉数は減り、緊張感とともにひとりの世界に没入していく。

高座は生き物、その日の体調、観客との相性、そして自分の手応えと評価が完全一致することはまずありえない。むしろ、毎日起こる多少のズレを、演じながらどう修正しコントロールするかを問われつづけるのがプロフェッショナルである。その過程には直前までの集中の仕方が大きく反映される。

よく、優れた演者は間がいいと言われるが、楽屋での過ごし方も同様、とくに経験値が高い芸人さんほど気持ちの運び方もまた絶妙だ。楽屋入りから高座に上がるまでの時間に、肚（はら）の内で演目を延ばしたり縮めたり、自在に緩急をつけたりしているので、その日の観客の心理の集中と解放の分量、加減がキチンと測れる。時間の過不足や変更などさまざまな不測の事態にも慌てることなく対応する力はみごとである。

楽屋が気持ちを整える場所ならば袖は心を定める場所。見詰めるスポットライトのその先には何が見えているのか。

楽屋から袖に、そして高座へ。一歩ずつ歩みを進めるごとに表情が変わっていく。先ほど見た楽屋での笑顔はもう遥か彼方。張り詰めた空気の中、現実世界と物語の境界を越えてゆく瞬間に覚悟は決まる。この先、助けはもうない。あるのは己の身ひとつ。出囃子に送られ出ていくその姿は切なくなるほど美しい。

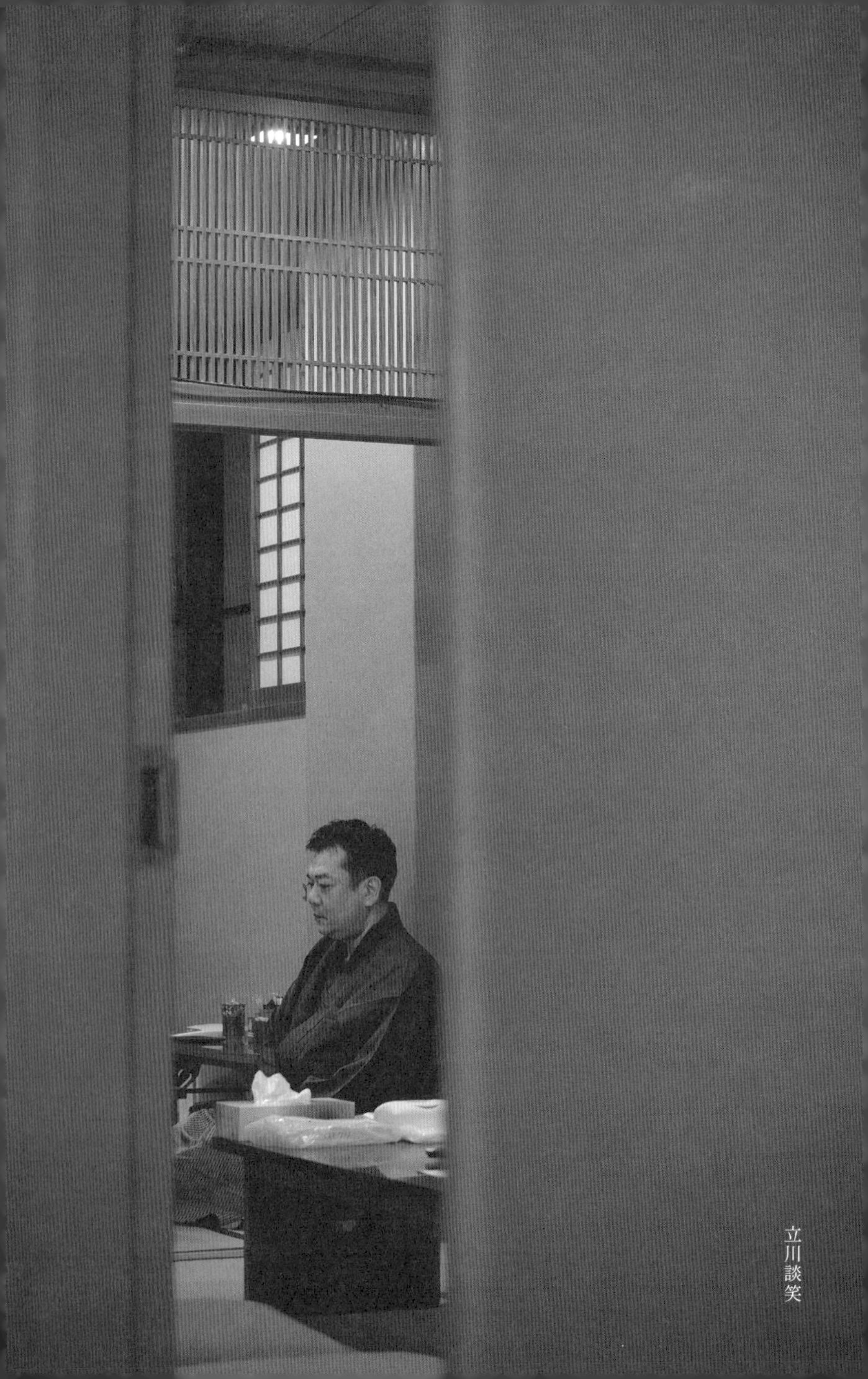

立川談笑

蝶花楼桃花

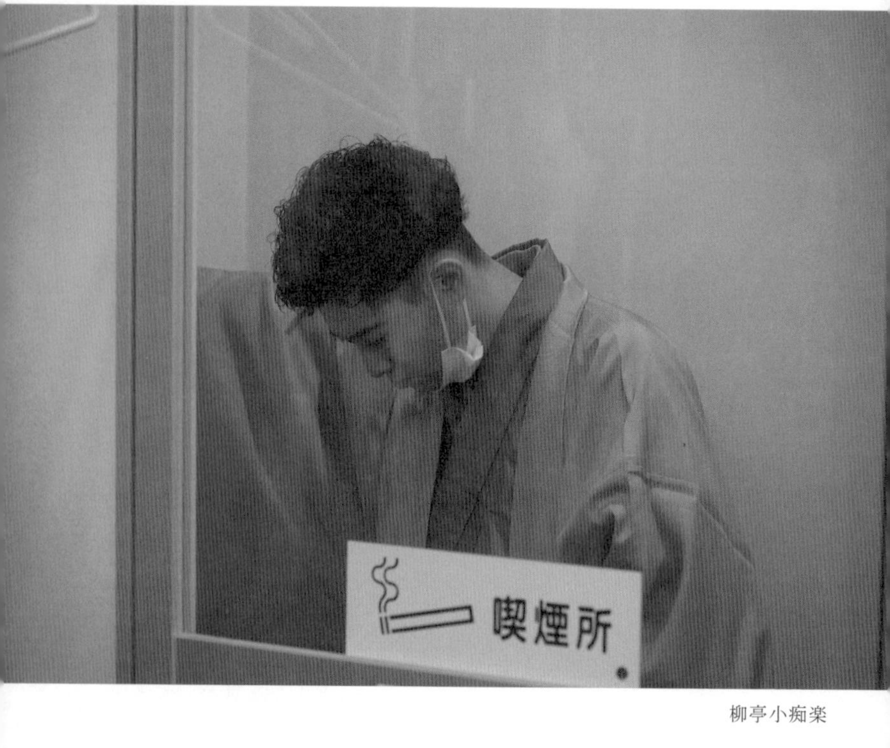

柳亭小痴楽

三遊亭兼好

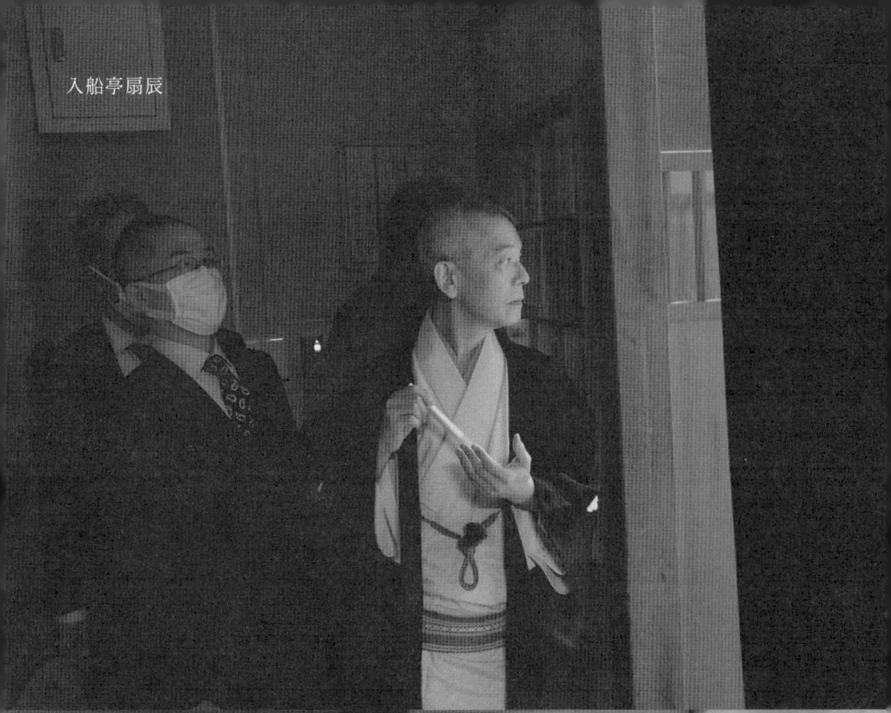
入船亭扇辰

立花家橘之助

（左から）神田阿久鯉／神田伯山／三遊亭遊雀／立川志の輔

（左から）三遊亭兼好／柳家喬太郎／三遊亭歌武蔵

（左から）瀧川鯉八／瀧川鯉昇

桂宮治

宮田陽・昇

松元ヒロ

東京ボーイズ（菅六郎・仲八郎）

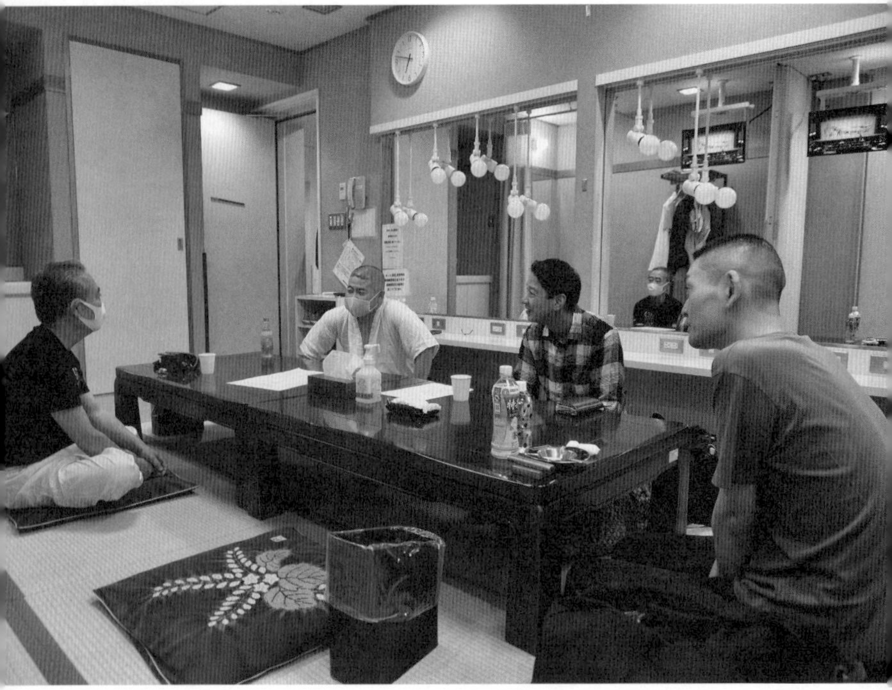

（左から）五街道雲助／桃月庵白酒／隅田川馬石／蜃気楼龍玉

（前列左から）柳亭市馬／鈴々舎馬風／春風亭一蔵／入船亭扇橋／柳亭小燕枝
（後列左から）春風亭一朝／入船亭扇辰／古今亭菊之丞

春風亭百栄

玉川奈々福

(左から)柳家三三／春風亭かけ橋／春風亭柳橋

春風亭昇太

笑福亭鶴瓶

六、美しい傷痕

六

高座にはいくつもの人生が交差している。誇りをかけて芸に挑む演者の生きざま、空間を共有する観客の日常。熟練の研ぎ澄まされた口跡や気鋭の一途な情熱が客席の空気と融合したとき、喜怒哀楽あらゆる感情が呼び起こされる。

上野鈴本演芸場、新宿末廣亭、浅草演芸ホール、池袋演芸場、そして国立演芸場。撮影に訪れるたびに、各々の舞台に付いた光沢を放つ無数の傷の美しさに見蕩れてしまう。そこには先達から現在に至るまで高座にのぼった数多の芸人さんの美学、苦悩、矜持が、時代とともに生きた証として刻まれている。形も大きさもひとつとして同じものがない〝美しい傷痕〟は、演者と観客の想いが作り上げてきた演芸の歴史そのもの。
物思うゆえに人生を物色しすぎてはならない。自分探しに明け暮れても結果は振り出しに戻るだけ。満身(まんしん)創痍(そうい)で心が歪(いびつ)な音を立てたときには、もうひとつの世界にひととき憩うことで精神のバランスは取り戻せる。物語の向こう側にある別の人生に自分を重ねることで、他者の心持ちもわずかながら汲み取ることができるようになる。自分を外から見ることが己の核心を見つける唯一の方法だ。

心に感応した言葉の連なりと指の先まで神経の行き届いた流麗な所作で描かれた情景が、質感をともなって浮かび上がる。その瞬間、またひとつ密やかに新たな痕跡(しゃしん)を残す。

三遊亭遊雀

立川談笑

桂吉弥

桂二乗

昔昔亭A太郎

古今亭志ん雀

林家彦いち

三遊亭白鳥

春風亭柳枝

鈴々舎馬るこ

柳亭小燕枝

入船亭扇橋

春風亭昇々

瀧川鯉八

立川こはる改メ立川小春志

立川志の春

桃月庵白酒

春風亭百栄

良い加減の人

三遊亭萬橋

「中村さ〜ん（萬橘師匠の本名）、お加減はいかがですか？」
「俺は患者か！」
楽屋入りしたときのお約束の挨拶なのである。とにかく同じ現場になると心られしくずっと喋っていたくなる。
落語表現においては、三遊亭兼好師匠と並ぶ五代目圓楽一門会のエース。古典、新作共に緩急の利（き）いた切れの良い語り口と丹念な所作で魅せる高座は絶品である。ことにまくらから噺に入るまでのお客さまとの距離の詰め方は絶妙だ。
身のまわりで起きた些細なエピソードをセンス抜群の小噺に仕立て、観客の笑い声が途切れる間もなくスッと噺につなげていく。まくらが面白いのは他者に対しての観察眼が細部に至るまで行き届いているからだ。ほどよい距離感を保ち、けっして他者を不快にさせない心配りができるからこそ萬橘師匠の高座は何度聴いても楽しいのだ。繰り返し演芸を観に行きたくなる気持ちというのは、好きな人にいつも会いたくなることと同じだと思っている。
ちょっと見は和服のお爺さんみたいだが、心は繊細な好青年。どんな場所も萬橘師匠がいるところ笑顔が絶えない幸せな空間になる。本当に良い加減の人。

神田松鯉

神田愛山

神田阿久鯉

旭堂南海

宝井琴調

瀧川鯉昇

柳亭市馬

蜃気楼龍玉

春風亭柳橋

弁財亭和泉

古今亭文菊

林家正蔵

SONY

桂吉坊

林家きく麿

古今亭菊之丞

柳亭こみち

隅田川馬石

橘家文蔵

古今亭志ん輔

桂米二

さりげない、いつもの言葉

林家正楽

ある日の鈴本演芸場。

紙切り芸の最高峰、林家正楽師匠の身体がお囃子に乗って揺らめいている。

「いつでもこうやって身体を動かしながら切ってます。どうして身体を動かすのかというと、身体を動かさないで切っていると〝暗く〟なります」

小粋な節回しと鮮やかな撥捌き（ばちさば）きで客席を魅了する、浮世節、三味線漫談の第一人者、立花家橘之助師匠。そのたおやかな物腰と艶めく笑顔は染み入るようだ。

「こんだけの芸者、三千円じゃ呼べないよ」

誰しも暮らしの中で、無意識の内に心には細かな傷がついている。ふだんならどうということもない痛みも積み重なり零（こぼ）れ落ちた瞬間に疼（うず）き出す。それはままあること。我慢できないわけでも、劇的な特効薬がほしいわけでもない。ただ少しの間立ち止まり、小さな安穏に溶けていたい時がある。色物芸人さんが生み出すひとときは、大上段に振りかぶらない細やかで温かい自由時間。

今日もいてくれる、いつもいてくれる。人は百の慰めや励ましよりも、さりげない、いつもの言葉に救われる。

立花家橘之助

寒空はだか

松元ヒロ

小泉ポロン

ストレート松浦

タブレット純

ボンボンブラザース(鏡味勇二郎・繁二郎)

江戸家猫八

遠峰あこ

ねづっち

宮田陽・昇

林家二楽

すず風にゃん子・金魚

ロケット団
笑門来福

翁家和助

翁家小花

鏡味仙志郎

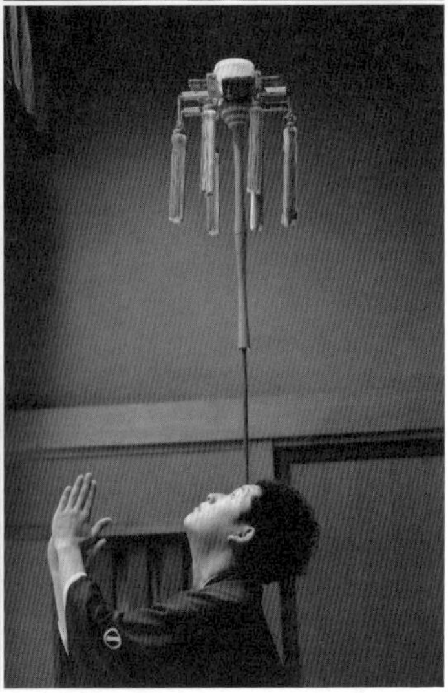

鏡味仙成

ナオユキ

三増紋之助

風藤松原

三遊亭兼好

桂伸衛門

春風亭一蔵

蝶花楼桃花

三遊亭天どん

橘家圓太郎

桂文治

玉川奈々福

玉川太福

沢村豊子

玉川みね子

一風亭初月

広沢美舟

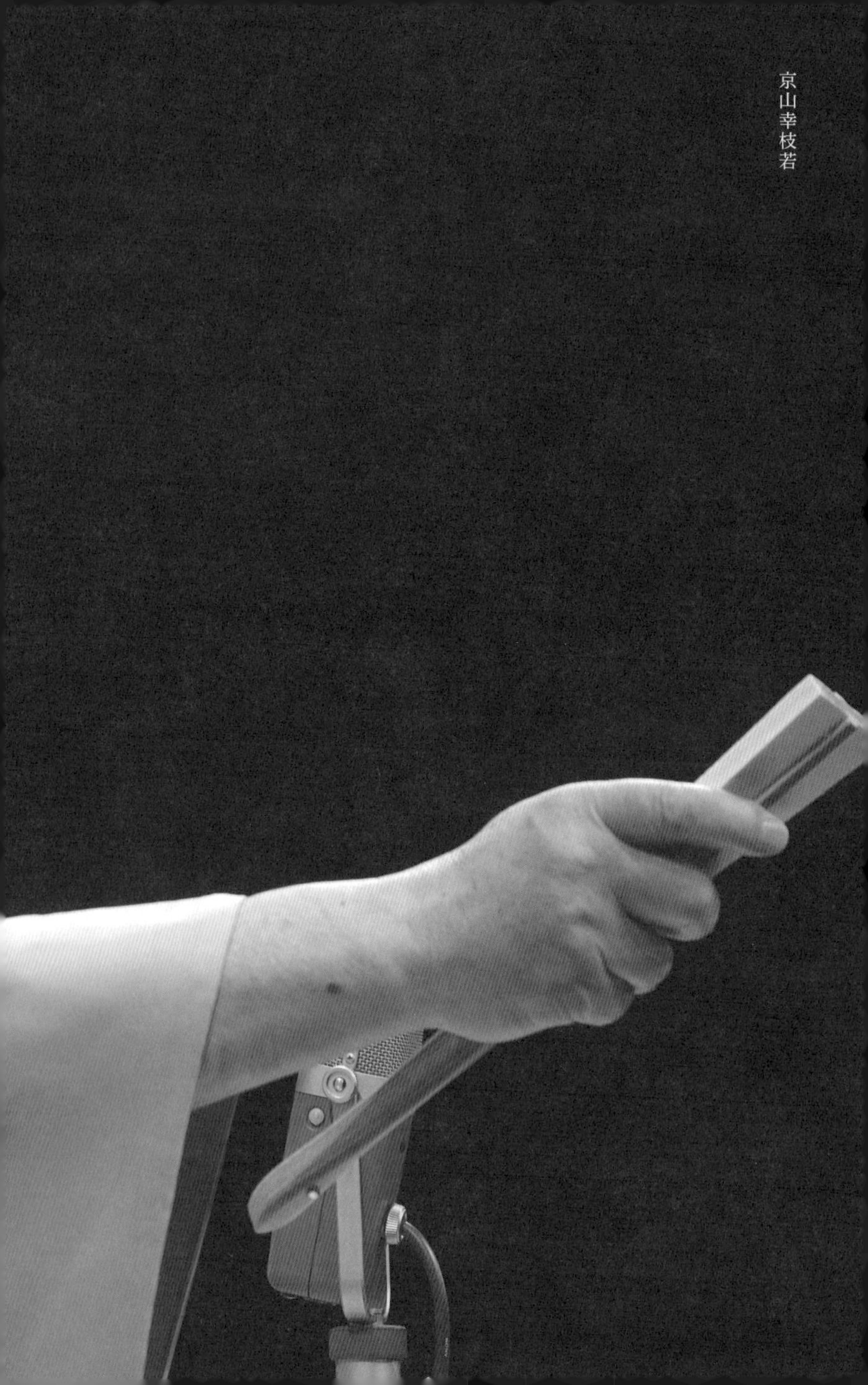

京山幸枝若

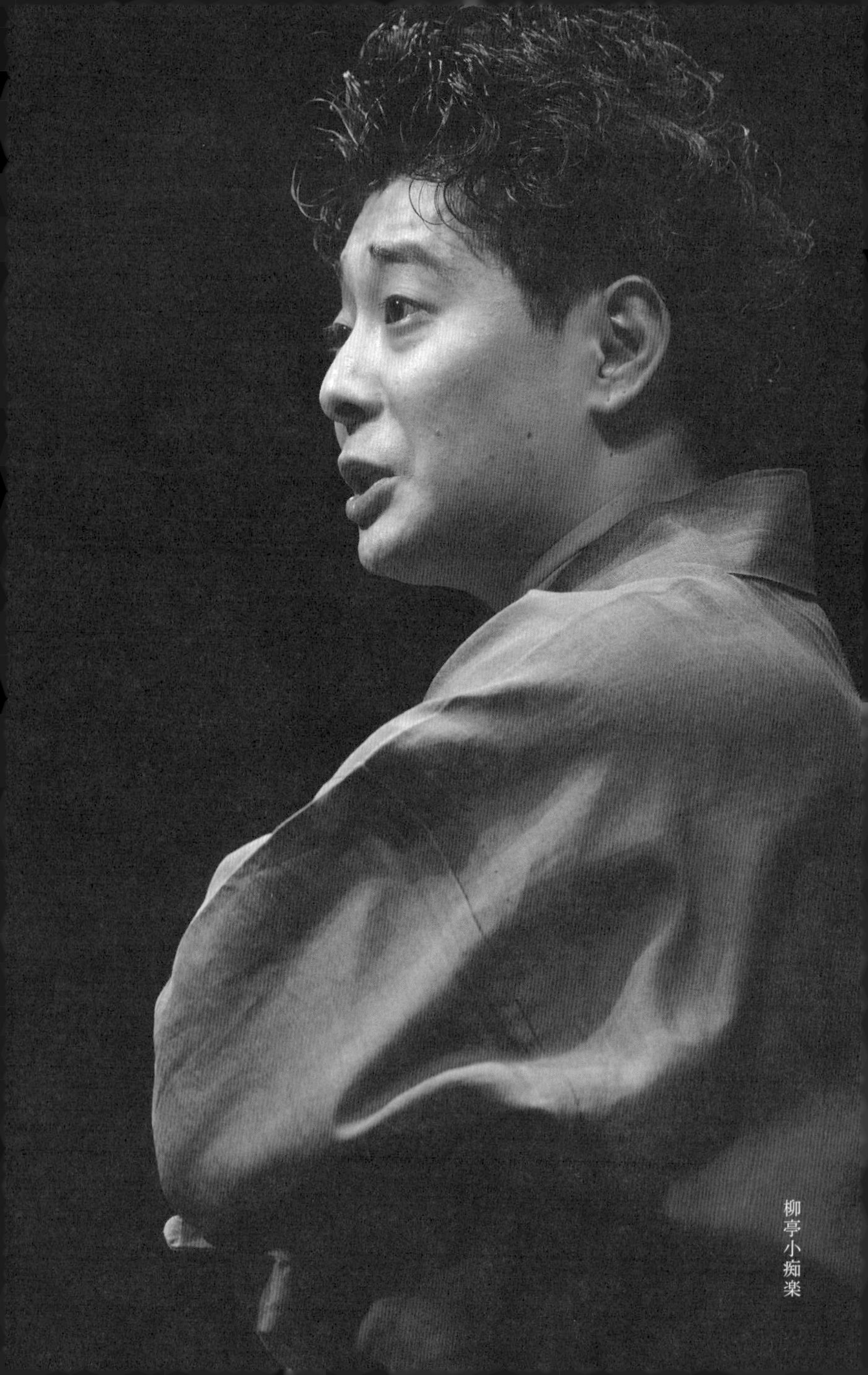
柳亭小痴楽

郵便はがき

料金受取人払郵便

小石川局承認

1100

差出有効期間
令和6年3月
31日まで

112-8731

〈受取人〉
東京都文京区
音羽二—一二—二一

㈱講談社
文芸第一出版部 行

ご購読ありがとうございます。今後の出版企画の参考にさせていただく
ため、アンケートにご協力いただければ幸いです。

お名前

ご住所

電話番号

このアンケートのお答えを、小社の広告などに用いさせていただく場合があ
ますが、よろしいでしょうか？　いずれかに○をおつけください。

【 YES　NO　匿名ならYES 】

＊ご記入いただいた個人情報は、上記の目的以外には使用いたしません。

TY 000072-2203

書名

Q1. この本が刊行されたことをなにで知りましたか。できるだけ具体的にお書きください。

Q2. どこで購入されましたか。

1.書店(具体的に：　　　　　　　　　　　　　　　　　　　　　　　　　　　)
2.ネット書店(具体的に：　　　　　　　　　　　　　　　　　　　　　　　　)

Q3. 購入された動機を教えてください。

1.好きな著者だった　2.気になるタイトルだった　3.好きな装丁だった
4.気になるテーマだった　5.売れてそうだった・話題になっていた
6.SNSやwebで知って面白そうだった　7.その他(　　　　　　　　　　　　)

Q4. 好きな作家、好きな作品を教えてください。

Q5. 好きなテレビ、ラジオ番組、サイトを教えてください。

■この本のご感想、著者へのメッセージなどをご自由にお書きください。

ご職業　　　　性別　　年齢
　　　　　　　男・女　10代・20代・30代・40代・50代・60代・70代・80代～

桂宮治

春風亭昇也

柳家小せん

三遊亭歌武蔵

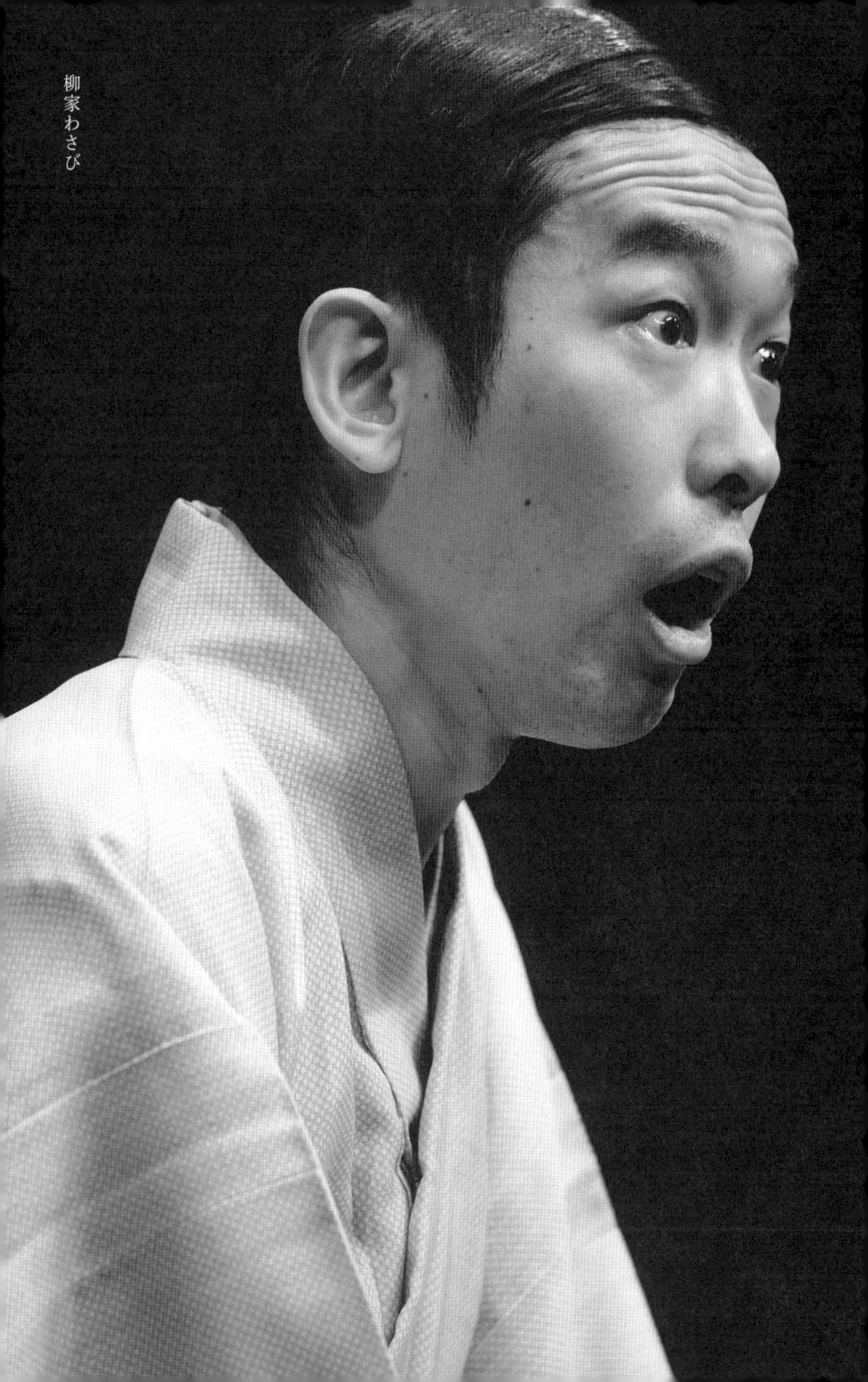

柳家わさび

柳家小八

柳家さん花

入船亭扇遊

入船亭扇辰

柳家さん喬

七、名人の視線

柳家さん喬
柳家権太楼
五街道雲助
春風亭一朝

七

東京の落語界には前座、二ツ目、真打と階級の違いがあるが、その先の名人・大看板と称される師匠を語るとき、どこから、いつから名人と認識されたかという明確な境は存在しない。しかし気づけばお客さまの心には自分にとっての名人が必ずいるのである。

柳家さん喬師匠、五街道雲助師匠、柳家権太楼師匠、春風亭一朝師匠。現在の落語界における四人の名人。その至芸を語るなどという僭越なことは露ほども思ったことはないが、高座にかける想いとプロフェッショナルとしての矜持が垣間見える視線には強い印象がある。

柳家さん喬師匠は楽屋ではやや目を伏せ、根多帳に目を通しながらじっと出番を待つ。その背中には禅僧が瞑想するような近寄り難い静けさが漂う。いよいよ出番を迎え出囃子が鳴る中、袖で深々と一礼してから高座に向かう姿は神々しい美しさを纏っている。

五街道雲助師匠の視線はとても柔らかくて上品だ。誰に対してもフラットに接し、少しも自身を高みに置こうとはしない。飄々としながらも強靱で淀みのない落語は聴き手の気持ちに詩情豊かな景色を映し出す。

柔和な笑顔から一転、壁の時計をグッと睨み口元に力を入れた高座直前の柳家権太楼師匠の気迫あふれる顔が好きだ。何ものにも負けない気概を胸に刻み、常に己を鼓舞し落語の奔流に身を投じる覚悟は凄まじい。

そして春風亭一朝師匠の愛情に満ちた眼差しはいつも温かい。お弟子さんの高座を袖から最後まで見守り、絶妙のタイミングでそっと背中を押すようにさりげなくアドバイスを送ることも珍しくない。高座も人柄と同様優しい空気に包まれ、客席いっぱいに幸福感が広がる。

各々(おのおの)落語家としての美学は異なっていても見詰める視線の先はひとつ。夏の日の逃げ水のように捉えきれない感情の機微を肌で感じとりながら物語の中に心の置きどころを希求する。四人の名人が挑むそれが落語表現の極み。

柳家さん喬

柳家権太楼

五街道雲助

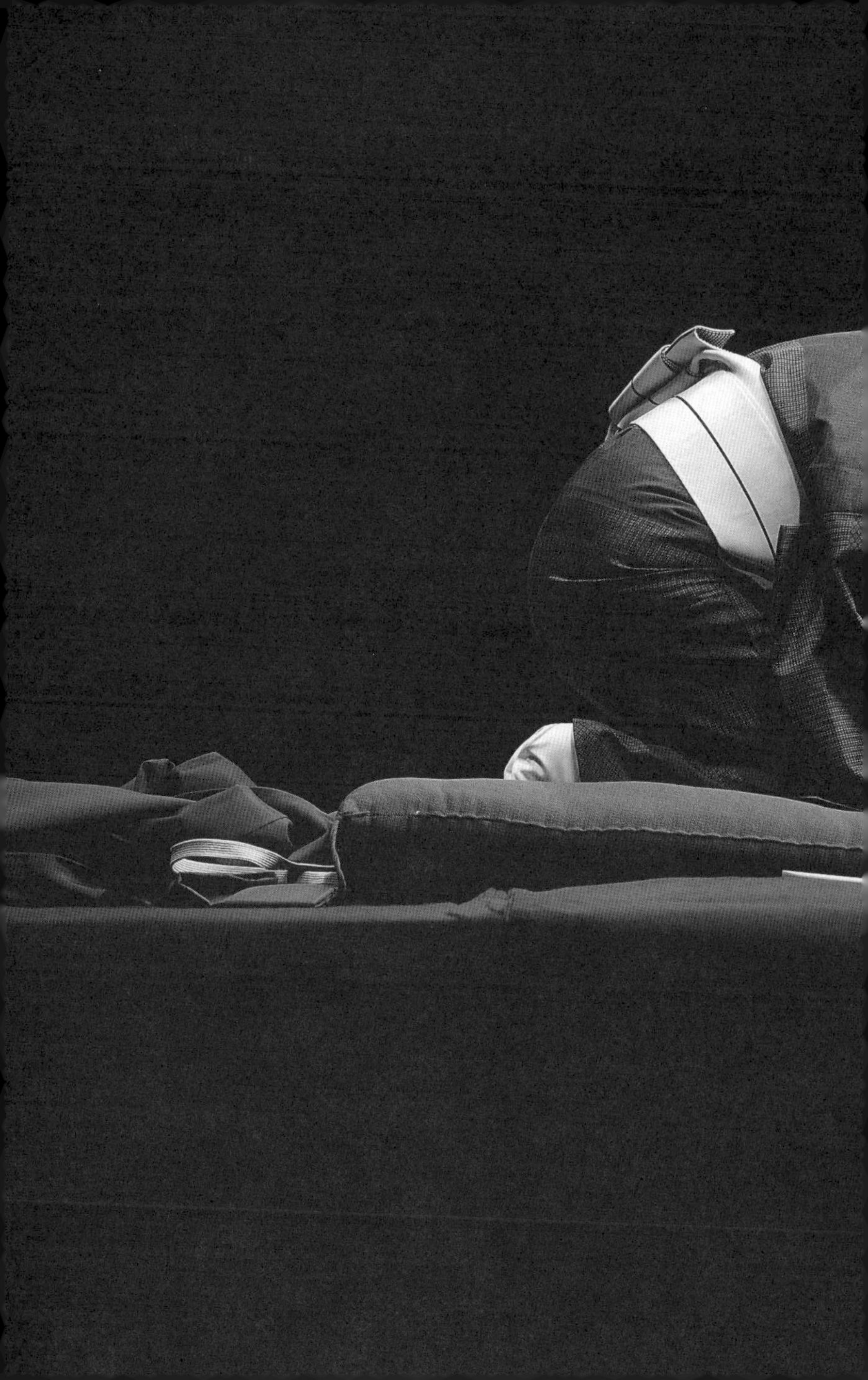

春風亭一朝

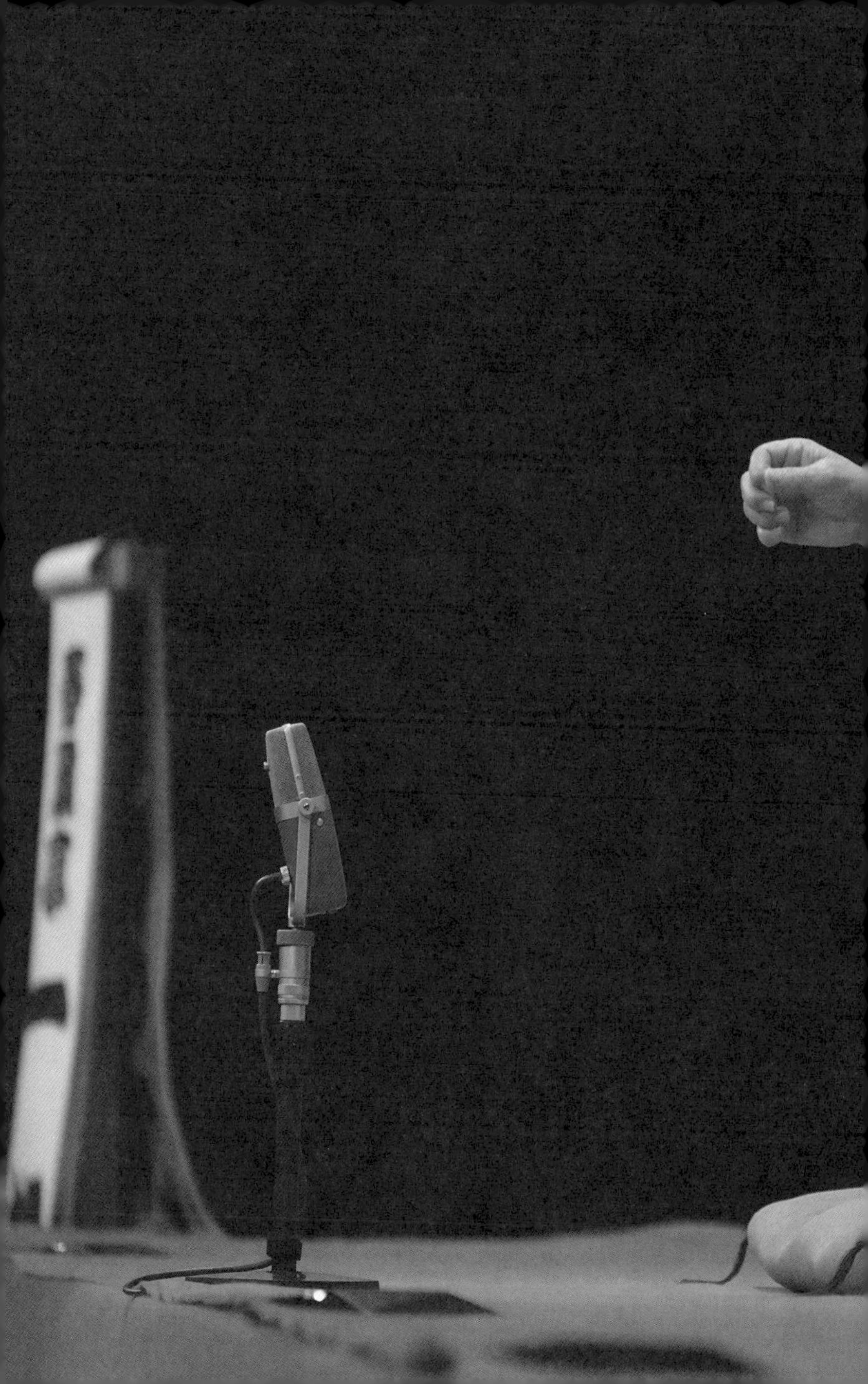

八、表現の純度

神田伯山

八

才ある者ほど〝才能〟を信じていない。ジャンルを問わずセンスなどあってあたりまえ、そこからいかに飽くことなく研磨していけるかが要所なのであり、持って生まれたものの表面をなぞった程度で評価される方が稀だ。

「腕がないと周りの者を不幸にする」

『浜野矩随』で語られる台詞は、演じる神田伯山先生の自身へ向けた厳しい戒めと、生涯をかけて物語の極限を目指すことへの強固な意思表明に思えた。異論を挟む余地などまったくないほど常にお客さまの期待に応え結果を出しつづけているにもかかわらず、寸暇を惜しむように日夜自身を追い込んでいく。

何日間にもわたる連続読み公演では連日開演数時間前に楽屋入りし、ギリギリまで話を浚う。静寂に包まれた廊下に漏れ聞こえてくる、ドアの向こうの鬼気迫る声音と張り扇の音。刻一刻と近づく本番へ向け加速していく響きの中に桁違いの精神の重量を感じる。その研ぎ澄まされた表現力によって張り扇が一閃した瞬時、現実世界と物語の間に結界が張られ、心を鷲掴みにされた観客は壮大なドラマの最深部まで連れてゆかれる。

「講釈師、見てきたような嘘をつき」

などと言うが、極上の講談は茶番劇のような現実など易々と超えてゆく。真実と虚構のあわいに混在する、間引きすることができない善悪を超越した感情があらわになるとき、精神の軛（くびき）は取り払われ、見える世界が変わる。

講談を身体の隅々まで行き渡らせ、もうひとりの自分の声を聞き、粘り強く思考を重ね、高座に上がるその瞬間まで質量共にいっさいの妥協を許さない。

言霊（ことだま）宿る語り、空間に美しく描く所作、そのすべてが一体となって表れる講談はとても純度が高い。表現の神様は純粋な者が好きだ。講談師・神田伯山は講談を愛している。そして講談も神田伯山に愛されたがっている。

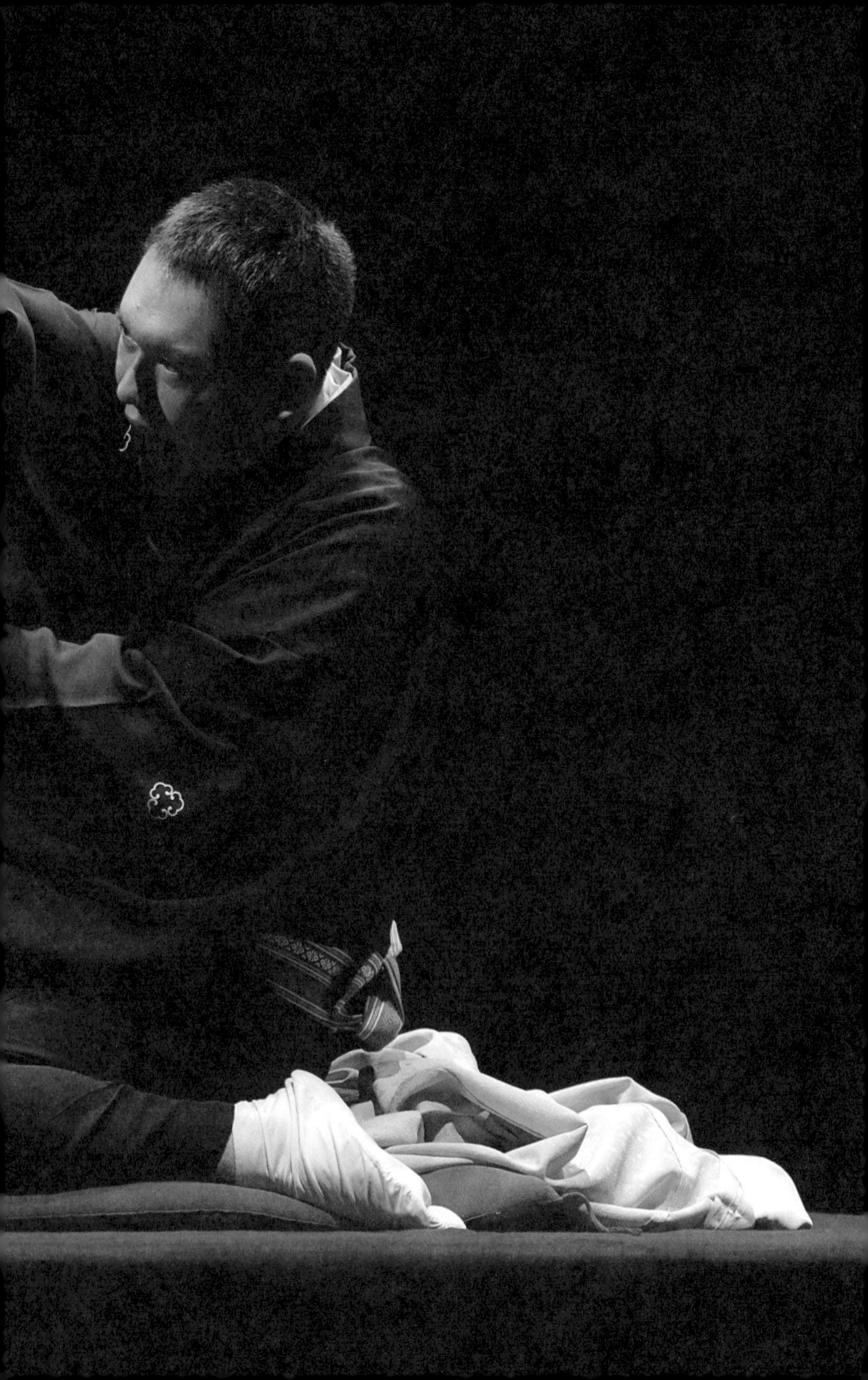

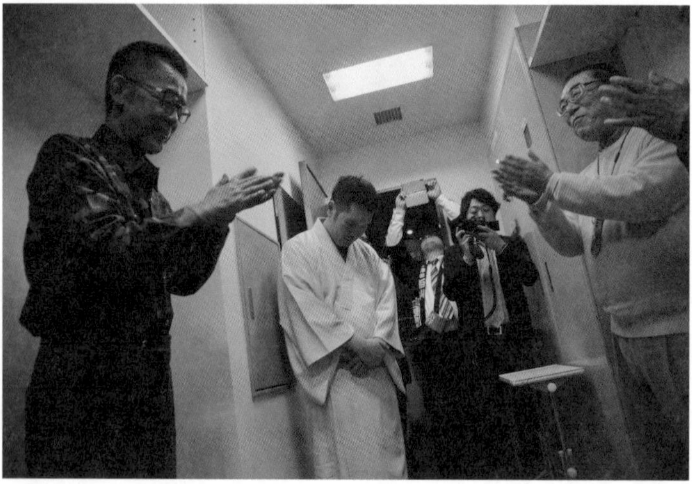

、心の安全装置

柳家喬太郎

九

心という特殊効果で描く落語表現における、具象と抽象のグランドマスター・柳家喬太郎師匠の世界観を前にすると、聴き手は己の深奥に棲む業と向き合うことになる。絶え間のない笑いの隙間に埋め込まれた悲しさや、絶望の果てに潜む希望の気配を感じるとき、曖昧な善悪の境で混ざり合う感情のエアポケットにいる〝残酷な天使〟と〝優しい悪魔〟の存在を知る。

誰しも人生を無傷で終えることはできない。生きることはすなわち誰かを傷つけ傷つけられる屈託まみれの日々の連続。その傷は常に新たに上書きされ、消失と表出を繰り返す。それでも人は絶えず明日に幸福な曲線を描こうと願わずにはいられない。緻密で即興的、奔放でいて論理的、そして無類の人間愛。喬太郎師匠の落語には滑稽で切ない人間のありさまを温かい眼差しで濾過してくれる優しさがあふれている。その優しさは、気安くよしよしと頭を撫でるような表面的な穏やかさではなく、楽園などどこにもないことを知りながらも懸命に生きようとする者へ贈る密やかなエールなのだ。

喬太郎師匠の高座を撮影しているとき、幾度も気持ちの表面張力が崩れ、知らぬ間に涙していたことがあった。その涙は歓喜、恐怖、寂寥――さまざまな感情が虚飾を剝ぎ取られた無垢（むく）な形になって現れたものだ。記憶が連鎖し、尽きぬ想いがまとわりつく後悔ばかりの来（こ）し方（かた）だとしても、出会わなかった方が良かった人などひとりもいないと思いたい。

人生に種明かしはない。ただ、愛（いと）おしむ。

柳家喬太郎師匠の落語は今日を生きるための心の安全装置である。

十、孤独の頂

立川志の輔

十

立川志の輔師匠の高座は透徹した孤独感に満ちている。その孤独は孤立ではなく誰も踏み込むことができない孤高である。

始まりはいつもひとりだった。現在では「志の輔らくご」の代名詞ともなっているお正月恒例のPARCO劇場一ヵ月公演も当初は超アウェイの雰囲気の中でスタートした。当時は秋から年末の演劇公演の休演日を使っての自主公演だった(五年目以降パルコ・プロデュース)。落語に馴染みのないスタッフに囲まれながら懸命に高座で孤軍奮闘する姿は鬼気迫るものがあった。公演十周年を記念して行われた初めての一ヵ月公演では週毎に演目を変え、プログラムの最終日は昼夜公演という信じられないスケジュールをこなす、まさに超人だった。その後の評価は言わずもがな。PARCO劇場建て替え前のクローズ公演も新劇場の柿落(こけらお)としも共に志の輔師匠が担った。規模や予算、関わる人間の数が増えれば増えるほど背負う重圧も大きくなるが、たとえどんな状況にあっても、一言の言いわけもせず常に周囲の期待を大きく超える結果を出しつづけてきた。

他の芸能に引けを取らないエンターテインメントである落語の魅力を最大限に届けるためのより良き空間を追い求め生み出した「志の輔らくご」。劇場の規模にかかわらず、場の力を感じ、空間に仕舞われている感触を取り出す鋭敏な感性は他の追随を許さない。それもこれも二ツ目時代、お客さまと対峙する演者にとっては悪夢にも等しい、開演しても客席に誰ひとりいないという苦い経験を経ての現在である。今日の喝采のすべては無人の客席を前にした昔日の孤独が起点になっている。

高座の上では誰も手を差しのべてはくれない。しかし日々ひとり思考と実践を繰り返し、置かれた環境に慣れることを許さず、孤独すら恐れない真の表現者の祈りには、劇場の神様はそっと行くべき道筋を示してくれる。

「志の輔らくご」がいる場所は、たったひとりが立つことができる孤独で恍惚とした表現の頂。

李助

大抽選会

藤村屋新兵衛

春風亭朝枝

十一、たくさんの〝好き〟

十一

〝閃き〟はどうしたら訪れるのか？

答えは至極簡単。〝閃き〟など当てにしなければいいのだ。

なぜ日々怠ることなく準備を続けなければならないのか？

それはほとんどの準備は無駄になるからである。

しかし、目の前に堆く積まれた形を成さなかった経験の中には有効な無駄がいくつも隠れている。それは意識を手放した瞬間に輪郭をあらわす。その形容しがたい些細な感情の揺れのことを〝閃き〟と呼ぶのだ。

やったからといって必ずしも結果が出る世界ではないが、日常の小さな行動の一つひとつがその人の人格や芸を作る。行き詰まることはチャンス、試行錯誤の回数が重要。仲間やライバルの存在を感じながら自身の芸に向き合い、ときに迷いながらも前を向く気鋭の若手たちが見せる輝きには、〝片恋〟と同質の、たとえ報われなくとも生涯愛しつづけようとする強い想いが感じられる。

演芸に限らず表現を体感することは料理を味わうことに似ている。美味しい料理を食べたら誰かに教えたい気持ちになり、思いがけず好物が一緒だとうれしくなる。若手の高座も同じく気に入ったならお裾分けをするようにオススメするのが一番だ。

もちろん最初から名人であるわけがないのだから、見つけようと思えば未熟なところはいくらでもある。なにもわざわざここがよくない、あそこが駄目と言う必要などまったくない。口に合わなければ黙って箸を置けばいい。若手にとっては言葉の伝え方ひとつで自信にもなれば劣等感にもなる。いつでも空間は演者とそこに集う観客との共同作業の場なのだから、気持ちも同じく己には厳しく他者には優しくありたい。

みな始めは演芸が〝好き〟からスタートしたはず。〝好き〟に優劣はない。あるのはたくさんの〝好き〟だけ。

立川吉笑

昔昔亭昇

笑福亭茶光

橘家文吾

春風亭㐂いち

入船亭遊京

柳亭市寿

三遊亭仁馬

神田桜子

春風亭弁橋

春風亭昇りん

春雨や晴太

春風亭昇咲

三遊亭花金

柳家小はぜ

三遊亭兼太郎

柳亭市童

柳家あお馬

古今亭佑輔

柳家吉緑

柳家小もん

柳家花ごめ

桃月庵黒酒

春風亭だいえい

柳家小ふね

入船亭扇太

三遊亭わん丈

柳亭信楽

国本はる乃

田辺いちか

京山幸乃

柳家小はだ

桂源太

三遊亭ごはんつぶ

三遊亭好二郎

春風亭与いち

月亭秀都

古今亭菊正

三遊亭ぐんま

古今亭雛菊

立川談洲

林家きよ彦

桂華紋

林家つる子

林家あんこ

春風亭かけ橋

三遊亭遊七

春風亭昇輔

三遊亭吉馬

古今亭志ん松

桂九ノ一

立川笑二

林家八楽

養老瀧之丞

天中軒すみれ

桂小すみ

京山幸太

一龍斎貞鏡

神田松麻呂

春風亭一花

鈴々舎美馬

桂空治

柳亭左ん坊

柳家ひろ馬

桂二豆

柳亭市助

桂伸ぴん

柳亭市遼

入船亭扇ぱい

瀧川はち水鯉

柳家小じか

三遊亭まんと

あとがき

ファインダーの向こうをいくつもの追憶が通りすぎる。演芸はいつも豊穣な記憶に彩られている。言葉と所作の至芸が生み出すもうひとつの世界にそっと想いを馳せてみる。

なんでも説明のつくものばかりでは人生は痩せていく。ときには虚構により、真実は明瞭に実在感を持って立ち現れる。現実には訪れたことがない場所や見知らぬ人さえどこか懐かしい。演者は時空を往来しつつ見えない景色を集め、心の底に眠っていた想いを立体的に組み上げていく。

落語、講談、浪曲、そして色物芸、描き出される時間と空間のすべてが愛おしい。還暦を過ぎても賢くも善良にもなれなかった写真家は、演芸を撮ることで存在を許されている。二十八年前、己の未熟さを認められず、拙いプライドを守るために繰り返されるチキンレースに疲れ果て、大好きだったはずの写真にすら想いを込められなくなった終焉間際の名もなき写真家を救ってくれたのが演芸だった。

演芸を撮りつづけてきたある日、それまでずっと固執してきた〝自分らしさ〟から解放された瞬間があった。思い上がって自分にしかできないことをやると意気込む前に、まずは誰もができることを懸命に努めた先に自分の役割が明確になると気づいた。演芸の世界も同じく、どんな名人上手も厳しい修業をまっとうしてはじめて表現に心を行き渡らせることができるのだ、と。

たかが橘蓮二である、できることなど知れている。現在、東西合わせて千人を超えるといわれる芸人さんのすべてを紹介することなど到底かなわない。されど縁あって出会った芸人さんの魅力を伝えるために全力を尽くすことは厭わない。願わくは橘蓮二の写真や文章がきっかけとなって、ひとりでも多くのお客さまに寄席やホールへ足を運んでもらわんことを。それができたなら演芸写真家として存在していることに、ささやかながら意味が生まれるのかもしれない。

出版にあたり、講談社文芸第一出版部の横山建城さんにたいへんお世話になりました。横山さんには二〇〇一年に出版した文庫判写真集以来、二十年以上にわたり担当していただき、今回もタイトなスケジュールをみごとなコントロールで捌(さば)いてくださいました。ありがとうございました。

装丁は前作に続き椋本完二郎さんに担当していただきました。書籍のみにとどまらず、プロデュース公演のビジュアルワークなども手がけていただき、写真家橘蓮二にとってもっとも信頼するデザイナーであり理解者でもあります。いつも助けてくださり本当にありがとうございます。

最後になりましたが、いつ伺っても快く撮影に応じてくださった師匠方と芸人のみなさん、演芸関係者のみなさん、そしてこの本を手に取り、ページを開いてくださった演芸愛にあふれた読者のみなさんに心より御礼申し上げます。

令和五年四月吉日

橘蓮二

Special Thanks

- 一般社団法人 落語協会
- 公益社団法人 落語芸術協会
- 上方落語協会
- 落語立川流
- 五代目圓楽一門会
- 講談協会
- 日本講談協会
- 日本浪曲協会
- 浪曲親友協会
- 上野鈴本演芸場
- 新宿末廣亭
- 浅草演芸ホール
- 池袋演芸場
- 横浜にぎわい座
- 国立演芸場
- 株式会社 シノフィス
- 有限会社 ティルト
- 冬夏株式会社
- 株式会社 トルバ
- 株式会社 アクセス
- 学校法人瓜生山学園 京都芸術大学
- 小田原三の丸ホール
- 株式会社 グレープカンパニー
- 府中の森芸術劇場
- 立川談笑事務所
- 株式会社 柳亭市馬事務所オフィスエムズ
- 株式会社 夢空間
- 株式会社 影向舎
- 株式会社 デンナーシステムズ
- 株式会社 ステッカー
- 株式会社 まさし
- 公益財団法人 風に立つライオン基金
- 有限会社 大有企画
- 有限会社 アスターミュージック
- ショーキャンプ有限会社
- 株式会社 いがぐみ
- らくごカフェ
- 落語ステージ・ワゴン
- 東京かわら版
- 株式会社 立川企画
- 落語会企画 吉田食堂
- さかいひろこworks
- 神田連雀亭
- 高円寺ノラや寄席
- うるとらくご
- 紀伊國屋ホール
- 三鷹市芸術センター
- 株式会社 パルコ
- 株式会社 米朝事務所
- ぴあ株式会社
- 株式会社 グッドグッドカンパニー
- 来福レーベル
- 株式会社 ナショナル・フォート
- いわき芸術文化交流館アリオス
- 珈琲 天国
- 木馬亭
- 小佐田定雄
- 尾崎明
- 渡辺尚子
- 宇賀神くるみ
- 森吉あき
- 井上りち
- 小磯晴香

演芸場で会いましょう
本日の高座 その弐

2023年4月25日　第1刷発行

著者　橘　蓮二

発行者　鈴木章一

発行所　株式会社 講談社
〒112-8001
東京都文京区音羽2-12-21
電話　出版　03(5395)3504
販売　03(5395)5817
業務　03(5395)3615

印刷所　株式会社新藤慶昌堂

製本所　大口製本印刷株式会社

造本・装幀　椋本完二郎

N.D.C.779　254p　19cm　ISBN978-4-06-531311-4

KODANSHA

人間であることをやめるな

半藤一利　著

国家そのものが大転換期にある。先行きは不安ばかり。
そうした「行き止まり」のときに、
日本人は、とくに若い人たちは、どう生きたらいいのか。

「歴史に学ぶ」とはどういうことか。著者がものした数多くの文章や講演から、そのエッセンスを四つのポイントに集約。明治の将星のもった国際情勢へのリアリズム、石橋湛山が説いた「理想の力」への信頼、昭和天皇の懊悩への理解、そして墨子と宮崎駿にある平和への問い。昭和史研究の第一人者が残した軽妙にみえて重い教訓のことば。

定価：一四三〇円（税込）
※定価は変更することがあります